Impressum
Verlag: BABADADA GmbH, Nedderfeld 112 , 22529 Hamburg
Geschäftsführer / Verlagsleitung: Harald Hof
Druck: Books on Demand GmbH, In de Tarpen 42, 22848 Norderstedt

Imprint
Publisher: BABADADA GmbH, Nedderfeld 112 , 22529 Hamburg, Germany
Managing Director / Publishing direction: Harald Hof
Print: Books on Demand GmbH, In de Tarpen 42, 22848 Norderstedt, Germany

ښوونځی
škola

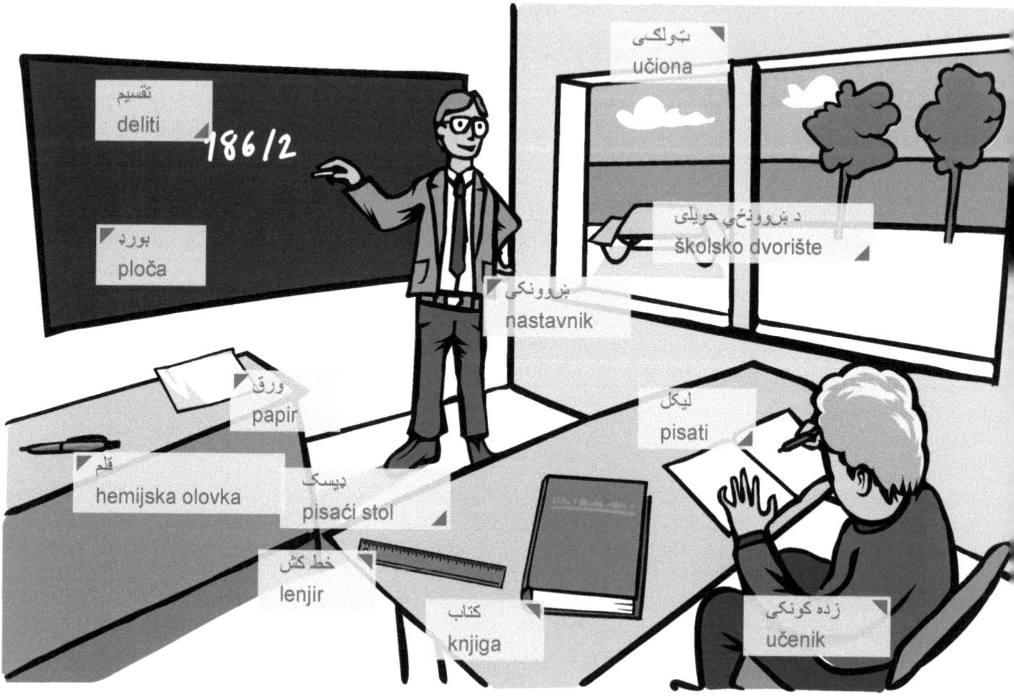
ټولګی
učiona
تقسیم
deliti
186/2
بورډ
ploča
د ښوونځي حویلی
školsko dvorište
ښوونکی
nastavnik
ورق
papir
لیکل
pisati
قلم
hemijska olovka
ډیسک
pisaći stol
خط کش
lenjir
کتاب
knjiga
زده کونکی
učenik

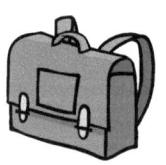

کڅوړه
....
torba

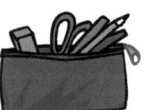

د پنسل بکسه
....
pernica

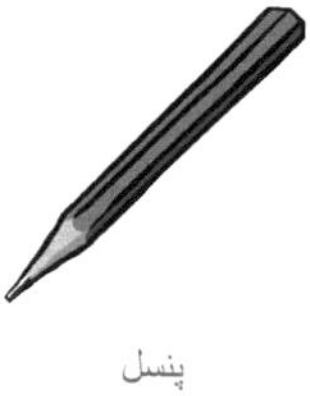

پنسل
....
grafitna olovka

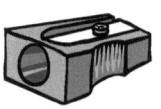

پنسل تراش
....
šiljilo za olovke

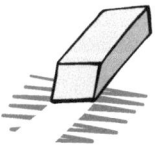

ربړ
....
gumica za brisanje

د رسامی پاڼه
....
blok za crtanje

رسامي

crtež

د نقاشی برس

kist

د نقاشی بکس

kutija sa bojama

قیچی

makaze

سریش

lepilo

د تمرین کتاب

beležnica

کورنی دنده

domaći zadatak

12

شمیر

broj

2+2

جمع

sabirati

5-2

منفی

oduzimati

2×2

ضرب

množiti

حساب

računati

A

توری

slovo

ABCDEFG HIJKLMN OPQRSTU VWXYZ

الفبا

abeceda

hello

کلمه

reč

متن
tekst

لوستل
čitati

تباشير
kreda

درس
čas

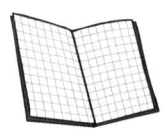

راجستر
dnevnik

ازموينه
ispit

تصديق پاڼه
svedočanstvo

د ښوونځي يونيفارم
školska uniforma

تعليم
obrazovanje

دايره المعارف
leksikon

پوهنتون
univerzitet

مايكروسكوپ
mikroskop

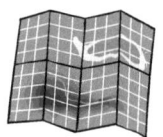

نقشه
karta

اشغالدانى
košara za papir

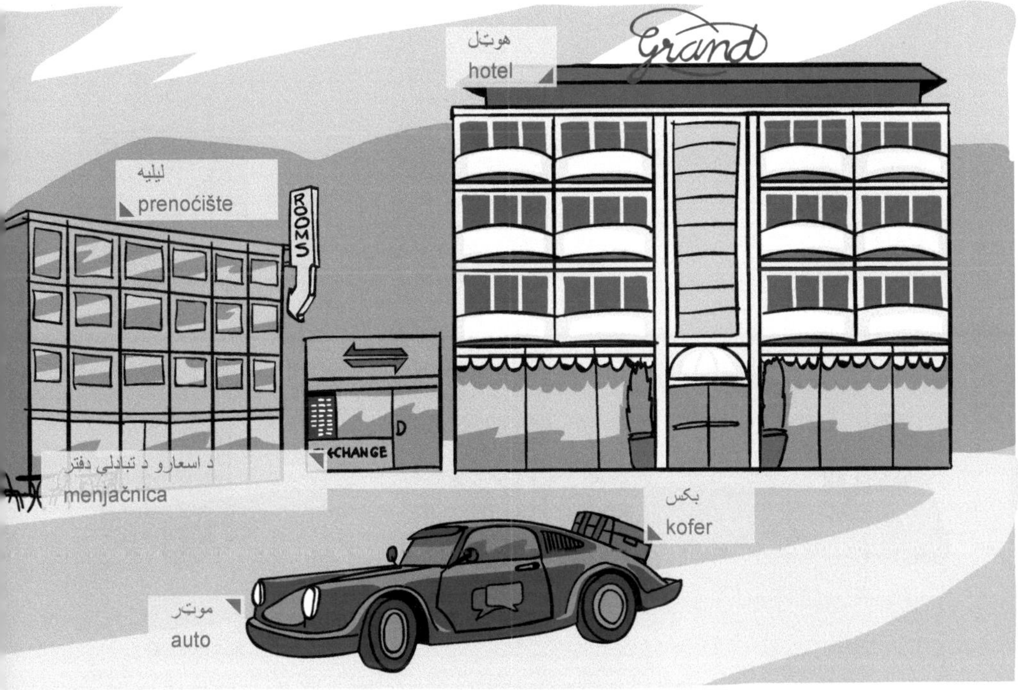
هوټل
hotel
Grand
لیلیه
prenoćište
ROOMS
د اسعارو د تبادلې دفتر
menjačnica
بکس
kofer
موټر
auto

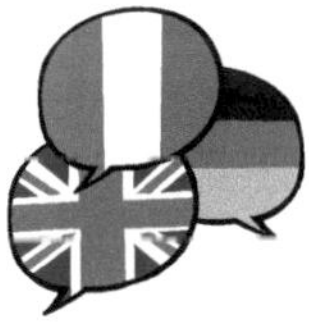

ژبه

jezik

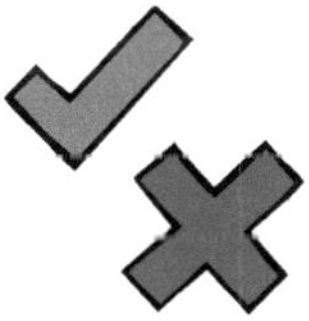

هو/نه

da / ne

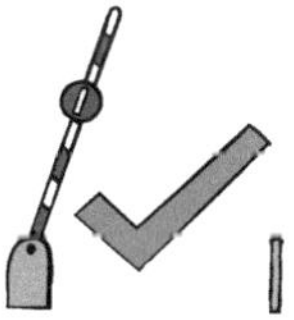

سمه ده

okej

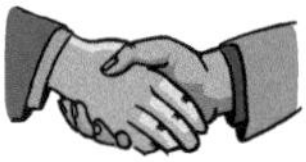

سلام

zdravo

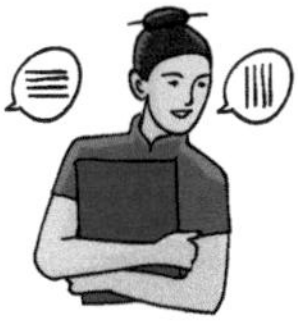

ژباړونکی

prevodilac

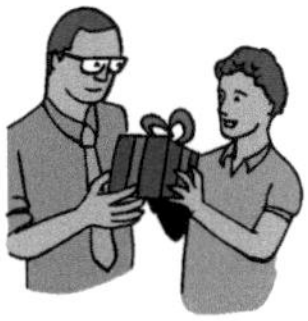

مننه

hvala

څومره دي...؟

Koliko košta...?

زه نه پوهیږم

ne razumem

ستّونزه

problem

ماښام مو پخیر!

dobro veče!

سهار په خیر!

Dobro jutro!

شپه په خیر!

Laku noć!

په مخه مو ښه

doviđenja

لارښود

smer

سامان

prtljaga

بیگ

torba

شاتنی بکس

ruksak

میلمه

gost

خونه

soba

د خوب کڅوړه

vreća za spavanje

خیمه

šator

د توریزم معلومات
turističke informacije

ساحل
plaža

کریدیت کارت
kreditna kartica

ناری
doručak

د غرمی خواړه
ručak

د شپی خواړه
večera

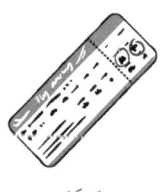

تیکت
karta za vožnju

لفت
lift

مهر
poštanska markica

پوله
granica

ګمرک
carina

سفارت
ambasada

ویزه
viza

پاسپورت
pasoš

ټرانسپورټ

transport

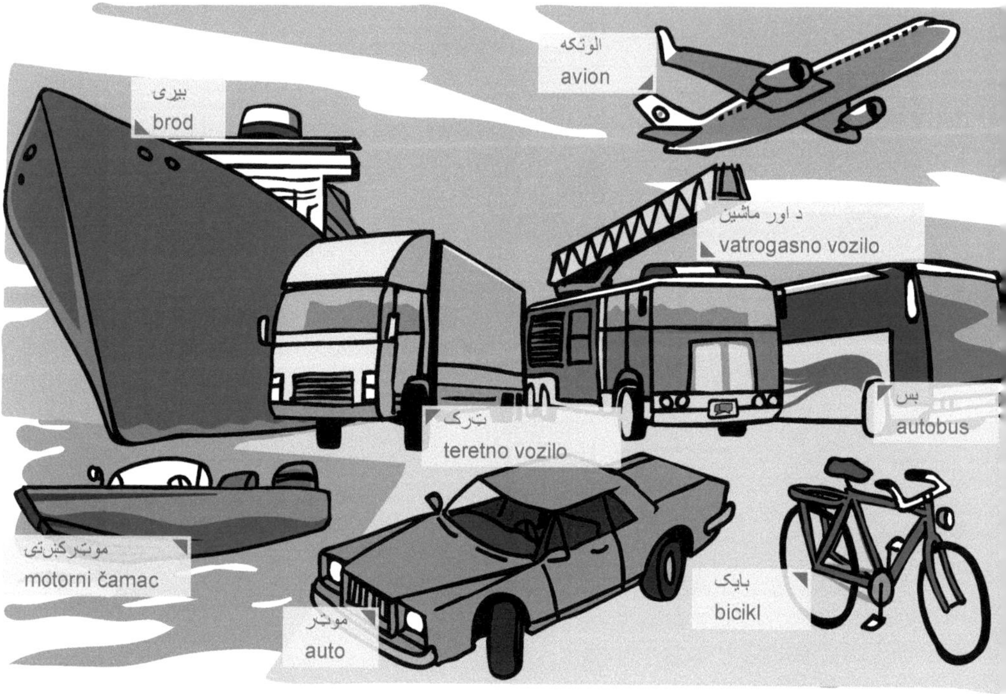

الوتکه
avion
بېړۍ
brod
د اور ماشين
vatrogasno vozilo
ټرک
teretno vozilo
بس
autobus
موټرکښتۍ
motorni čamac
موټر
auto
بايک
bicikl

کښتۍ

trajekt

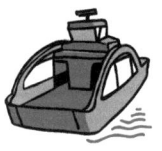

کښتۍ

čamac

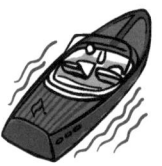

موټرسايکل

motocikl

د پوليسو موټر

policijski auto

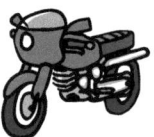

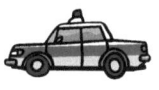

د ريس موټر

trkaći auto

کرايي موټر

iznajmljeno auto

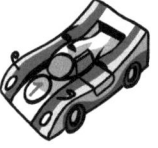

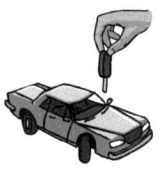

د کرایه موټری

delenje automobila

جرثقیل لرونکی ټرک

vučno vozilo

ریفیوز ټرک

vozilo za odvoz smeća

موټر

motor

سونګ ټوکي

benzin

پټرول ستیشن

benzinska stanica

ترافیکي نښه

saobraćajni znak

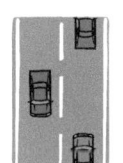

ترافیک

saobraćaj

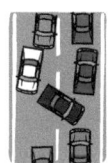

جام ترافیک

zastoj

د موټرو تمځای

parkiralište

د ریل ستیشن

željeznička stanica

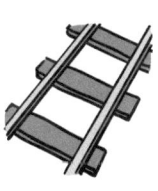

پایڼکي

šine

ریل

voz

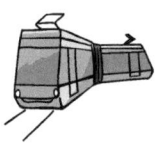

ټرام

tramvaj

واګون

vagon

چورلکه

helikopter

هوایي ډګر

aerodrom

برج

kula

مسافر

putnik

کانتینر

kontejner

کارتون

karton

کارت

kolica

ټوکرۍ

korpa

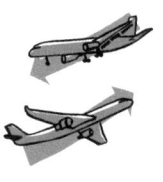

الوتنه کول/کښیناستل

uzleteti / sleteti

ښار

grad

کلی

selo

د ښار مرکز

centar grada

کور

kuća

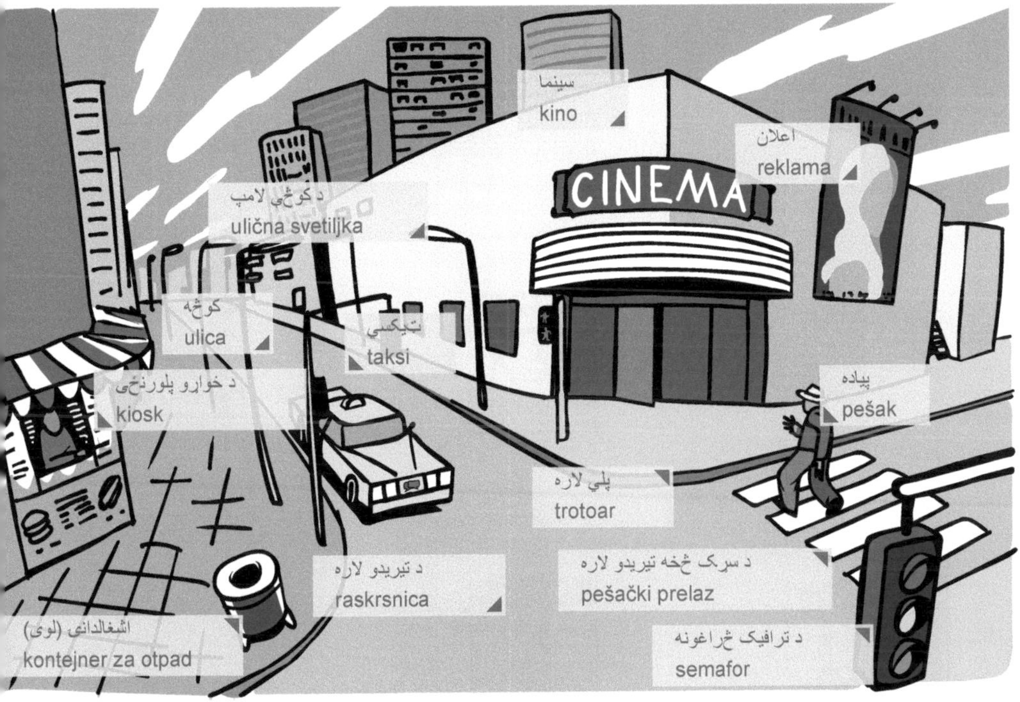

سینما
kino

اعلان
reklama

د کوڅي لامپ
ulična svetiljka

کرڅه
ulica

تیکسي
taksi

پیاده
pešak

د خوارو پلورنځی
kiosk

پلي لاره
trotoar

د تیریدو لاره
raskrsnica

د سرک څخه تیریدو لاره
pešački prelaz

اشغالدانی (لوی)
kontejner za otpad

د ترافیک څراغونه
semafor

کودله
koliba

اپارتمان
stan

د ریل سټیشن
železnička stanica

تاون هال
većnica

میوزیم
muzej

ښوونځی
škola

پوهنتون
univerzitet

بانک
banka

روغتون
bolnica

هوټل
hotel

درملتون
apoteka

دفتر
kancelarija

کتاب پلورنځی
knjižara

پلورنځی
prodavnica

د ګلانو پلورنځی
cvećara

لوی پلورنځی
supermarket

مارکیت
trg

د دیپارتمنټ سټور
robna kuća

کب پلورنځی
ribarnica

د پلور مرکز
trgovački centar

لنګرتون
luka

پارک
....
park

بېنچ
....
klupa

پل
....
most

زینه
....
stepenice

د ځمکې لاندی
....
podzemna železnica

تونل
....
tunel

بس تمځای
....
autobuska stanica

بار
....
bar

ریستورانت
....
restoran

پوست بکس
....
poštansko sanduče

د کوڅې نښه
....
ulični znak

۱ پارک کولو سیتر
....
parkirni automat

ژوبڼ
....
zoološki vrt

د لامبو حوض
....
bazen

مسجد
....
džamija

کرونده

seosko gazdinstvo

ناپاکي

zagađenje okoline

هدیره

groblje

چرچ

crkva

د لوبو ډګر

igralište

معبد/کلیسا

hram

منظره

pejsaž

پانه
list

د لارښوونې نښه
putokaz

لاره
put

چمن
livada

کانی
kamen

ونه
drvo

هیکر
šetač

سیند
reka

واښه
trava

ګل
cvijet

دره
....
dolina

غوندی
....
planina

ناور
....
jezero

خُنگـل
....
šuma

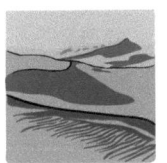

دشته
....
pustinja

اورشیندی
....
vulkan

كلا
....
dvorac

رنگـین کمان
....
duga

مرخیري
....
gljiva

پلم ونه
....
palma

ماشي
....
moskito

الوتل
....
muva

میږی
....
mrav

مچۍ
....
pčela

غوندۍ/جولا
....
pauk

كونكت

buba

چونكښه

žaba

نولى

veverica

زيرِكى

jež

سوى

zec

كونگ

sova

مرغى

ptica

قازه

labud

نرخوك

divlja svinja

هوسى

jelen

كاوزه

los

بند

nasip

بادي توربين

vetrenjača

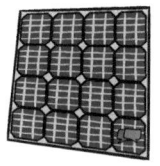

سولر تختى

solarna ploča

اقليم

klima

پیشخدمت
konobar

مینو
jelovnik

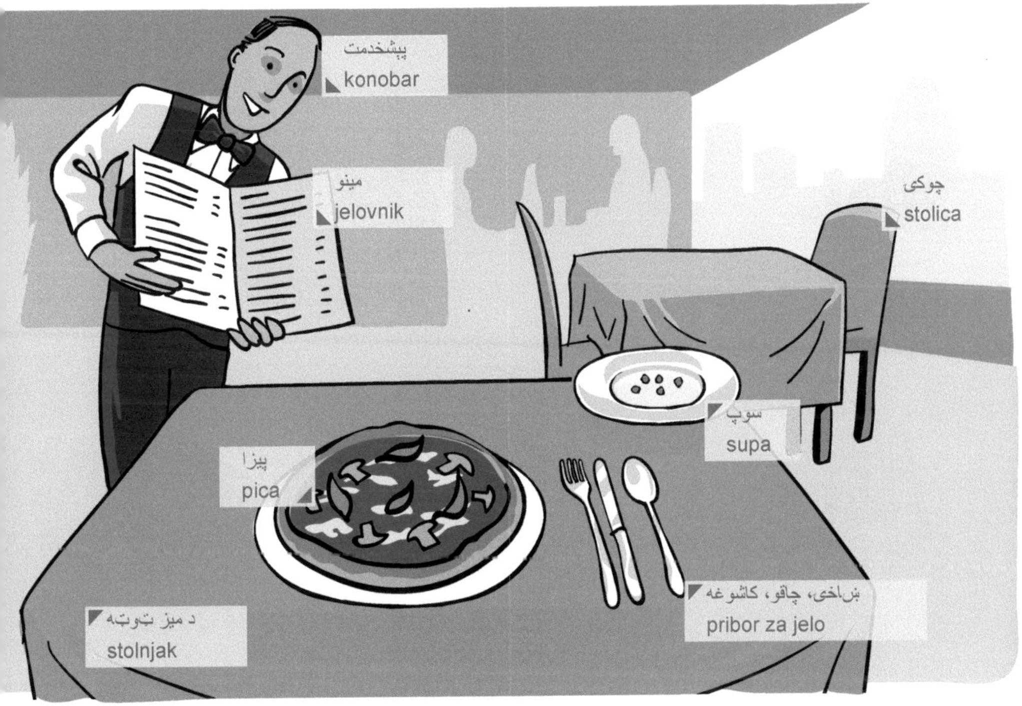

چوکی
stolica

سوپ
supa

پیزا
pica

ښاخي، چاقو، کاشوغه
pribor za jelo

د میز څوښه
stolnjak

ستارتر
predjelo

اصلي خواره
glavno jelo

شیرني
desert

څښاک
napitci

خواره
jelo

بوتل
flaša

فاست فود

brza hrana

د کوڅی خواره

imbis hrana

چای جوش

čajnik

قندانی

doza za šećer

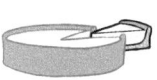

برخه

porcija

اسپرسو مشین

aparat za espresso

لوړه چوکی

visoka stolica

رسيد

račun

مجمه

poslužavnik

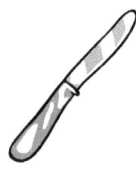

چاکو

nož

پنجه

viljuška

قاشق

kašika

چای قاشق

čajna kašika

سورويت

salveta

گلاس

čaša

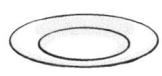

پلیټ
....
tanjir

د سوپ پلیټ
....
tanjir za supu

نالبکی
....
tanjirić

ساس
....
sos

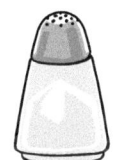

مالګه شیندونکی
....
soljenka

د مرچ ټکولو لوخی
....
mlin za biber

سرکه
....
sirće

غوري
....
ulje

مساله
....
začini

کچ اپ
....
kečap

شرشم
....
senf

چکه
....
majoneza

لوی پلورنځی

supermarket

خپنگری وراندیز
ponuda

پیرودونکی
kupac

لبنیات
mlečni proizvodi

FOR

میوه
voće

لاسي ټرخ
kolica za kupovinu

قصابي
mesnica

نانوایی
pekara

وزن کول
vagati

سیزیجات
povrće

غوښه
meso

کنګل خواره
smrznuta hrana

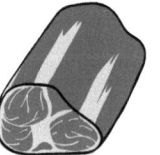

يخه غوښه

narezak

کنسروا خواړه

konzerve

د مينځلو پودر

sredstvo za pranje

 شيريني

slatkiši

کورني توليدات

artikli za domaćinstvo

د پاکولو محصولات

sredstva za čišćenje

د پلور فرد

prodavačica

د نغدي راجستر

blagajna

صراف

blagajnik

د پيرود ليست

lista za kupovinu

کاري ساعتونه

vreme rada

بنوه

novčanik

کريډيت کارت

kreditna kartica

کڅوړه

torba

پلاستيک کڅوړه

plastična kesa

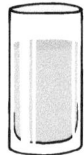

اوبه

voda

جوس

sok

شیده

mleko

کوک

kola

واین

vino

بیر

pivo

الکول

alkohol

ککاو

kakao

چای

čaj

کافي

kava

اسپرسو

espresso

کپچینو

cappuccino

کيله

banana

مڼه

jabuka

نارنج

narandža

هندوانه

lubenica

ليمو

limun

گازره

šargarepa

هووره

beli luk

بانکس

bambus

پياز

luk

مرخيړي

gljiva

چغزی

orašasti plodovi

آش

rezanci

سپيگيتي

špagete

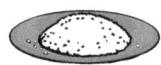

وريجى

riža

سلاد

salata

چپس

pomfrit

سره كري كچالو

pečeni krumpir

پيزا

pica

همبرگر

hamburger

ساندويچ

sendvič

كتزه

šnicla

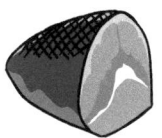

د پتون غوښه

šunka

سلمي

salama

ساسچ

kobasica

چرک

kokoš

روسټ

pečenje

كب

riba

دوربشي شيريني
....
zobene pahuljice

موسلي
....
musli

د جوار پلی
....
kukuruzne pahuljice

اوړه
....
brašno

کروسانت
....
kroasan

د ډوډۍ رول
....
pecivo

ډوډۍ
....
hleb

نوسټ
....
toast

بسکيټ
....
keksi

کوچ
....
maslac

چکه
....
sveži sir

کيک
....
kolač

هگۍ
....
jaje

پښي هگۍ
....
jaje na oko

پنیر
....
sir

أيس كريم

sladoled

بوره

šećer

شهد

med

مربا

marmelada

نوكات كريم

nugat krema

كوركمان

kari

کرونده

seosko gazdinstvo

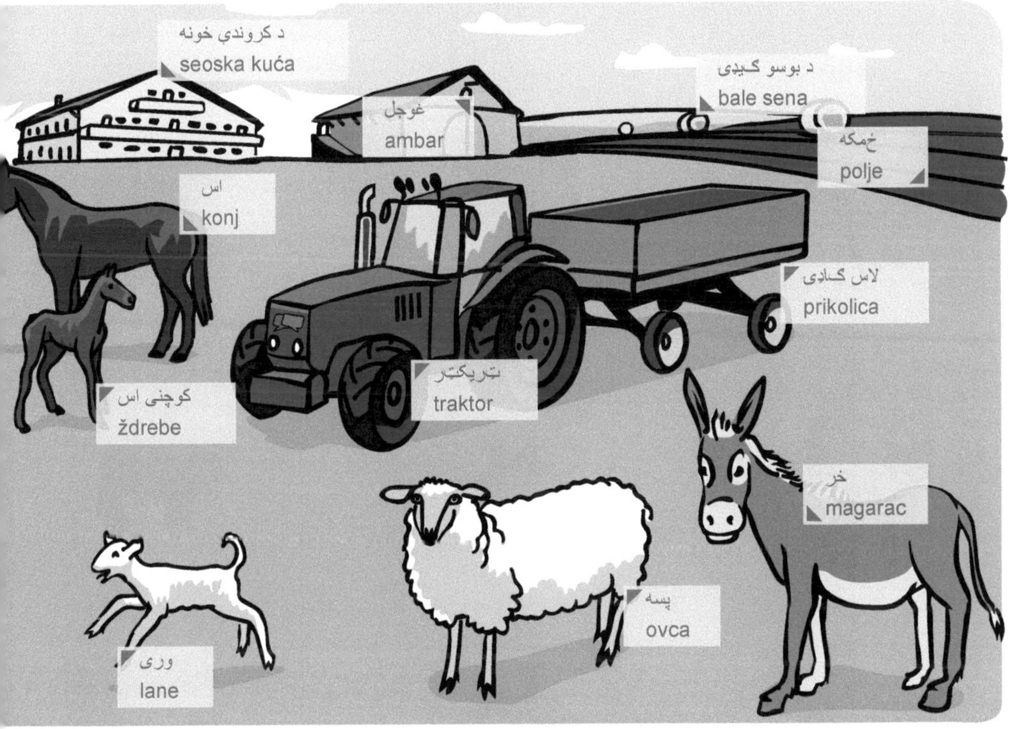
د کروندې خونه
seoska kuća
غوجل
ambar
د بوسو ګېډۍ
bale sena
ځمکه
polje
اس
konj
لاس ګاډی
prikolica
کوچنی اس
ždrebe
ټریکټر
traktor
خر
magarac
پسه
ovca
وری
lane

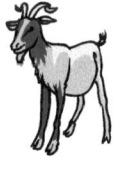

وزه

koza

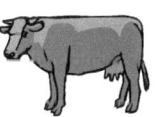

غوا

krava

خوسکی

tele

خوګ

svinja

د خوګ بچی

prase

غويی

bik

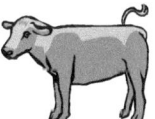

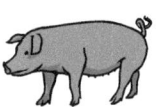

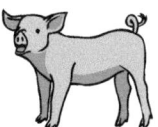

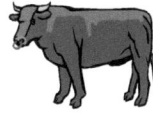

بتة

guska

هیلۍ

patka

چرګوړی

pilići

چرګه

kokoš

بانګي

petao

سارای موږک

pacov

پیشک

mačka

موږک

miš

غویی

vol

سپی

pas

د سپي خونه

kućica za psa

د باغ هوز

vrtno crevo

د اوبو لوخی

kanta za polivanje

لور (داس)

kosa

يوی

plug

28   کرونده - seosko gazdinstvo

لور
....
srp

رمبی
....
motika

بشاخی
....
viljuška za đubrivo

تبر
....
sekira

کراچی
....
tačke

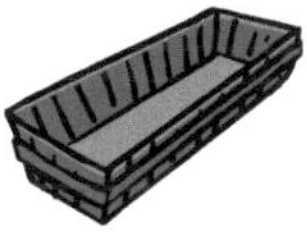

ناوه
....
korito

د شیدو لوخی
....
posuda za mleko

جوال
....
vreća

کتاره
....
ograda

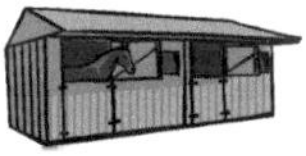

مضبوط
....
štala

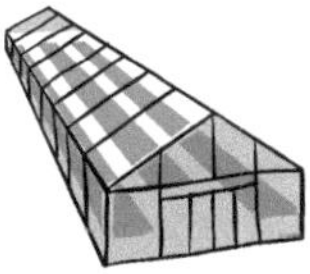

شنه خونه
....
staklenik

خاوره
....
zemlja

تخم
....
seme

سر ه/کود
....
đubrivo

گد ریبونکی ماشین
....
kombajn

زيرمه كول

žeti

درمند

žetva

خواړه كچالو

jams začin

غنم

pšenica

سويا

soja

كچالو

krumpir

جوار

kukuruz

نباتي تخم

uljana repica

د ميوي ونه

voćka

مانيوک

gomolj manioke

غله

žitarice

درڅه
dimnjak

يام
krov

ناودان
žleb

کرکۍ
prozor

کراج
garaža

د دروازي زنگ
zvono

دروازه
vrata

اشغالداني
korpa za otpad

د ليک بکس
poštansko sanduče

باغ
vrt

د اوسيدو خونه
....
dnevna soba

حمام
....
kupaonica

پخلنځی
....
kuhinja

د ويده کيدو خونه
....
spavaća soba

د ماشوم خونه
....
dečija soba

د خوارو خونه
....
trpezarija

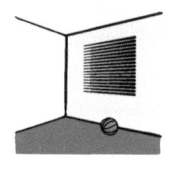

فرش

pod

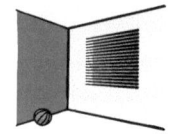

دیوال

zid

چت

strop

زیرخانه

podrum

سونا

sauna

بالکوني

balkon

تراس

terasa

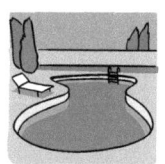

حوض

bazen

د چمن وهلو ماشین

kosilica za travu

څیت

posteljina za krevet

روجایی

deka za krevet

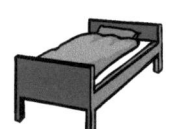

تخت

krevet

جارو

metla

بوکه

kanta

سویچ

prekidač

د اوسیدو خونه

dnevna soba

والپیپر
tapeta
عکس
slika
لامپ
svetiljka
شیلف
regal
الماری
ormar
تلویزیون
televizija
نغری
kamin
ګل
cvijet
بالښت
jastuk
صوفه
kauč
ګلدانی
vaza
ریموټ کنټرول
daljinski upravljač

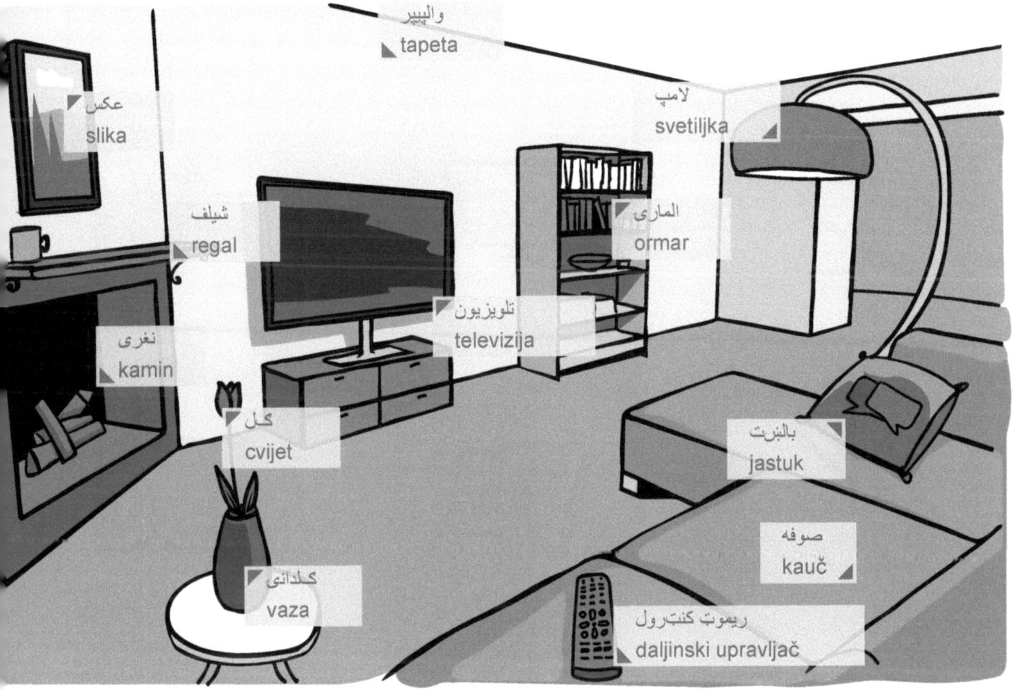

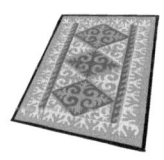

غالی

tepih

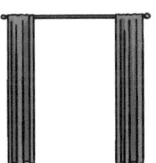

پرده

zavesa

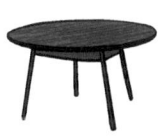

میز

sto

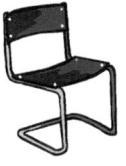

چوکی

stolica

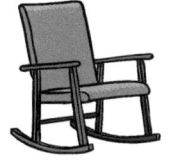

تاویدونکې چوکی

stolica za njihanje

بازو لرونکی چوکی

fotelja

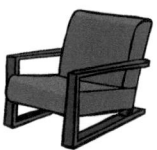

كتاب
knjiga

كمبل
deka

ديكوريشن
dekoracija

د اور لرګي
drvo za ogrev

فلم
film

هايـفاى
hi-fi uređaj

كلي
ključ

ورځپاڼه
novine

نقاشي
slika na platnu

پوستر
poster

راډيو
radio

كتابچه
blok za pisanje

واكيوم جارو
usisivač

كاكتوس
kaktus

شمع
sveća

مايكرو ويو اون
mikrotalasna rerna

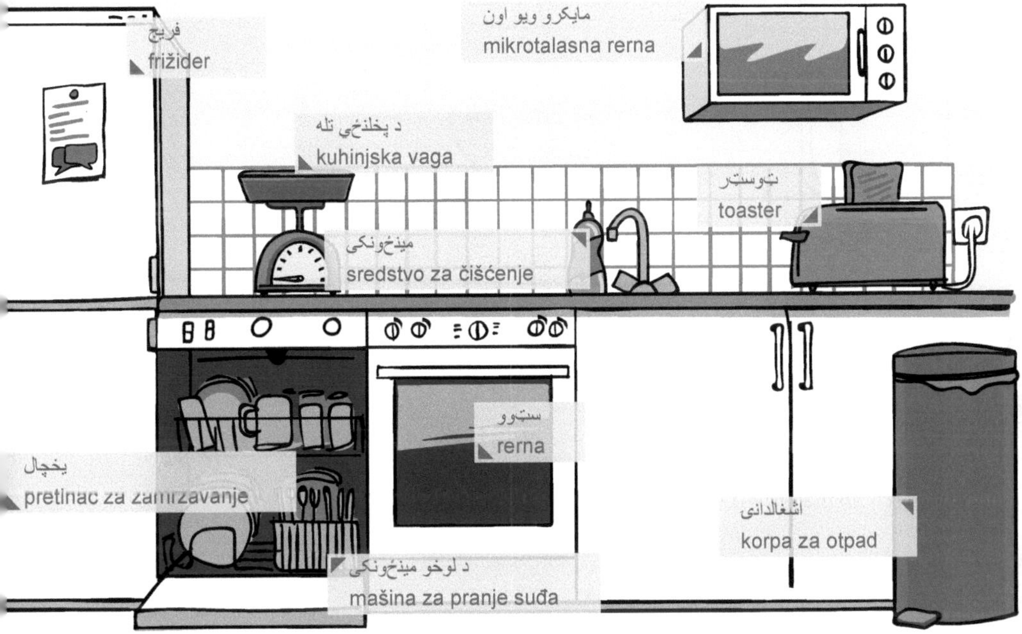

فريج
frižider

د پخلنځي تله
kuhinjska vaga

تُوسټر
toaster

مينځونكى
sredstvo za čišćenje

سټوو
rerna

يخچال
pretinac za zamrzavanje

اشغالدانۍ
korpa za otpad

د لوخو مينځونكى
mašina za pranje suđa

ديك بخار
šporet

لوخى
lonac

چدني لوخى
gvozdeni lonac

ووك
wok / kadai

د تَلي په
tava

چاى جوش
kuvalo za vodu

د بخار ديگ
....
kuvalo na paru

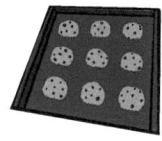

پتّنوس
....
lim za pečenje

لوخي
....
posuđe

مگ
....
čaša

كاسه
....
posuda

د رانيولو اوزار
....
štapići za jelo

څمڅۍ
....
kutlača

كفكير
....
lopatica

پاكونكى
....
penjača

صافي
....
sito za kuvanje

غلبيل
....
sito

كريتّر
....
ribež

اونگ
....
mužar

بار بي كيو
....
roštilj

خلاص اور
....
ognjište

تخته

daska

هوارونکی

oklagija

کارک سکريو

vadičep

ټيم

konzerva

د ټيم خلاصونکی

otvarač konzervi

د لوخي ټوټه

krpa za lonac

ظرف شوی

sudoper

برس

četka

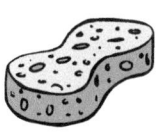

سپنج

sunđer

بلیندر

mikser

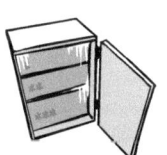

ژور يخچال

zamrzivač

د ماشوم بوتل

flašica za bebe

نل

slavina za vodu

حمام
kupaonica

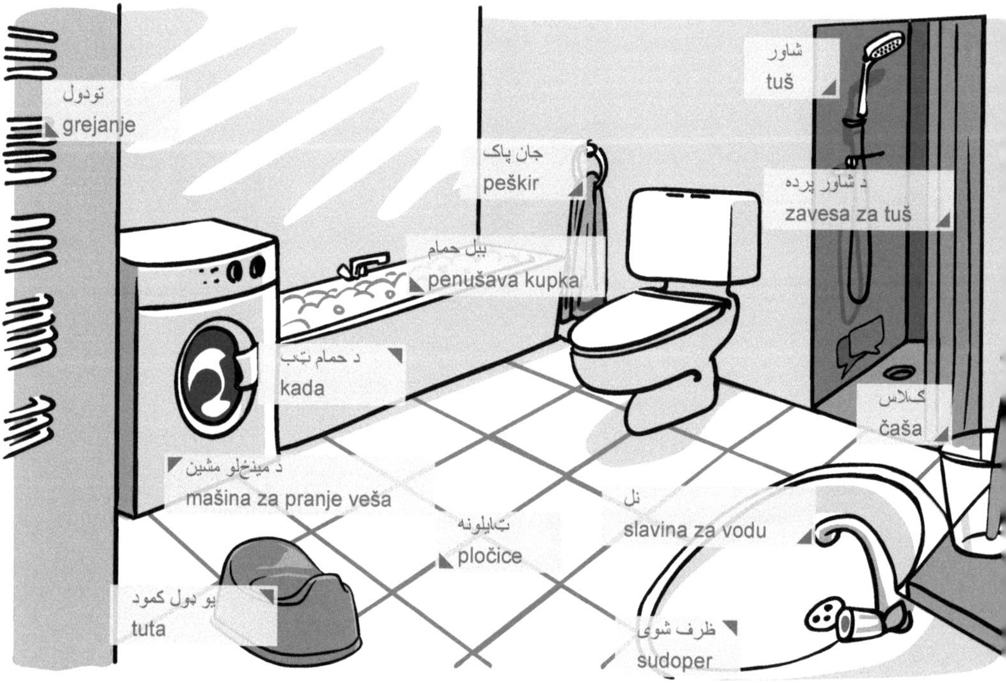

تودول
grejanje
جان پاک
peškir
شاور
tuš
د شاور پرده
zavesa za tuš
ببل حمام
penušava kupka
د حمام ټب
kada
گلاس
čaša
د مينځلو مشين
mašina za pranje veša
نل
slavina za vodu
ټايلونه
pločice
يو بول کموډ
tuta
ظرف شوی
sudoper

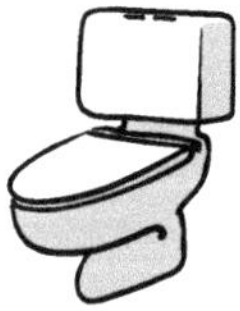

تشناب

toalet

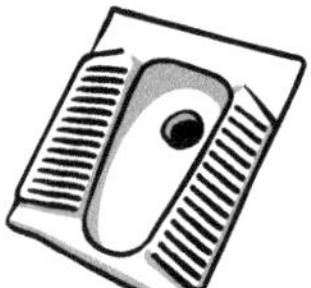

فرشي کموډ

čučavac

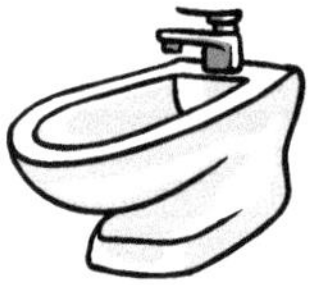

کموډ

bidet

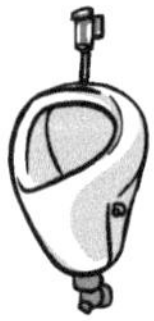

د متيازو ځای

pisoar

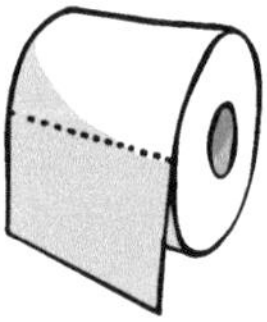

تشناب کاغذ

toaletni papir

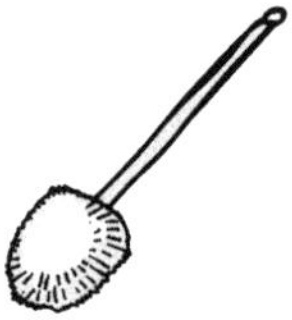

د تشناب برس

četka za toalet

د غاښونو برس

četkica za zube

د غاښونو کریم

pasta za zube

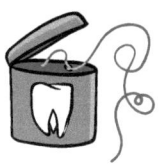

د غاښونو نخ

konac za zube

مینځل

prati

لاسي شاور

tuš ručica

دوش

tuš za pranje intimnih delova

خانک

lavor

د شا برس

četka za pranje leđa

صابون

sapun

د شاور ژل

gel za tuširanje

شامپو

šampon

فلالنل جامه

krpa za pranje

وچول

odvod

کریم

krema

سپری

dezodorans

أينه

ogledalo

لاسي أينه

kozmetičko ogledalo

ريزر

brijač

د خريلو فوم

pena za brijanje

د خريلو وروسته

losion za posle brijanja

ګمنځ

češalj

برس

četka

د ويښتانو وچونکی

fen za kosu

د ويښتانو سپری

sprej za kosu

ميک اپ

makeup

لیپ ستیک

ruž za usne

د نوکانو پالش

lak za nokte

کاټن وری

vata

ناخن ګير

makaze za nokte

عطر

parfem

د مینځلو کڅوړه

kozmetička torbica

ستول

stolica

د وزن کولو تله

vaga

د حمام پوښاک

ogrtač

د ربر دستکش

rukavice za čišćenje

تامپون

tampon

صحیی جان پاک

uložak

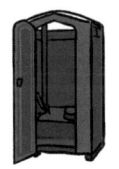

کیمیکل تشناب

hemijski toalet

د ماشوم خونه

dečija soba

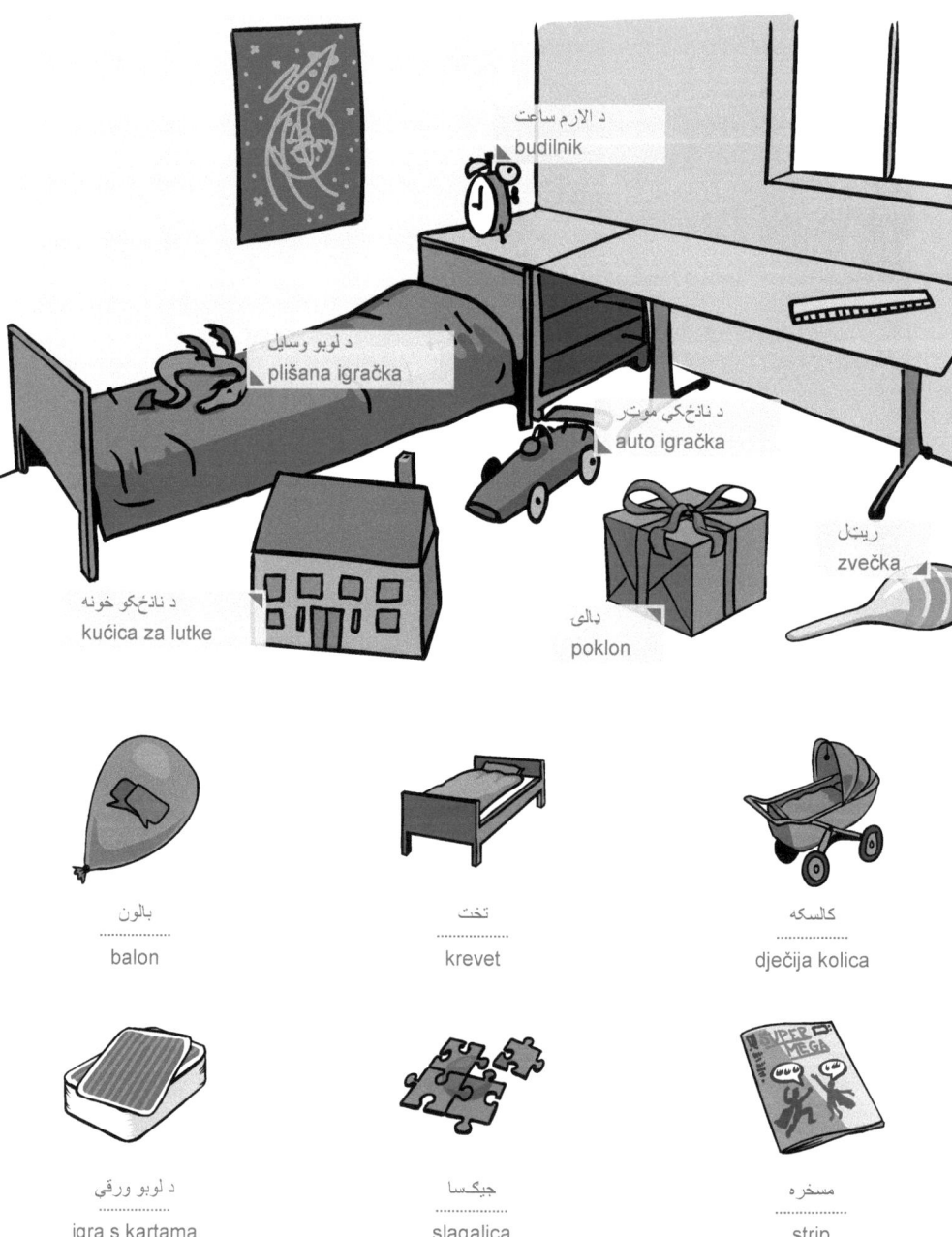

د الارم ساعت
budilnik

د لوبو وسایل
plišana igračka

د ناذخکی موټر
auto igračka

ریټل
zvečka

د ناذخکو خونه
kućica za lutke

ډالی
poklon

بالون
balon

تخت
krevet

کالسکه
dječija kolica

د لوبو ورقّی
igra s kartama

جیګسا
slagalica

مسخره
strip

لیکو بریک

lego kockice

د ناندخکو بلاک

kockice za slaganje

د اکشن فیگور

akcioni junak

د ماشوم پوښاک

benkica za bebe

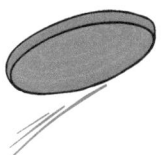

فریزبي

frizbi

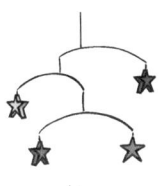

موبايل

viseće igračke

بورډ لوبه

društvene igre

تاس

kocka

مادل ریل سیت

minijaturna željeznica

ګونګشی

duda

پارتي

zabava

د عکسونو البوم

slikovnica

بال

lopta

ناندخکه

lutka

لوبیدل

igrati

د شکو کنده

pješčanik

سوینگ

ljuljačka

ناڅخکی

igračka

د ویډیو لوبو کنسول

konzola za igre

تـرای سایکل

tricikl

گوډۍکه

tedi

د کالو الماری

ormar

جرابی

kratke čarape

لوړي جرابی

čarape

ټایټس

hulahopke

زروکی
šal

کمربند
kaiš

چترۍ
kišobran

تي شرت
majica

بوتانو
čizme

سلیپر
papuče

سنیکر
patike

سینډل
sandale

بوتان
cipele

د ربر بوتان
gumene čizme

زیرنیکري
gaćice

سینه بند
grudnjak

واسکټ
potkošulja

بادي

bodi

پتلون

pantalone

جينز

farmerke

لمن

suknja

بلاوز

bluza

شرت

košulja

بنيان

džemper

سويټر

džemper s kapuljačom

بليزر

sako

جاكټ

jakna

كوټ

kaput

د باران كوټ

kabanica

پوښاک

kostim

کالي

haljina

د واده پوښاک

venčanica

درېشي

odelo

د ښپې پوښاک

spavaćica

پاجامه

pidžama

ساري

sari

لوپټه

marama za glavu

پټکی

turban

برقه

burka

کفتن

kaftan

عبا

abaja

د لامبو پوښاک

kupaći kostim

نیکر

kupaće gaćice

شارت

kratke pantalone

د خُغاستي پوښاک

odeća za trening

پیش بند

kecelja

دستکش

rukavice

بتڼ

dugme

عينک

naočare

لاس بند

narukvica

غاړه کی

ogrlica

ګوتمه

prsten

غوږوالۍ

naušnica

خولۍ

kapa

کوټ بند

vešalica

خولۍ

šešir

نتایی

kravata

خنځير

patent zatvarač

هيلميټ

kaciga

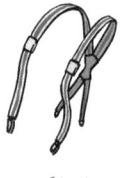

ترونکۍ

naramenice

د ښوونځي يونيفارم

školska uniforma

يونيفارم

uniforma

پوښاک - odeća

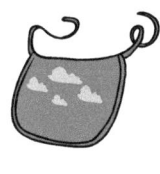

بيب
podbradak

ګونګشی
duda

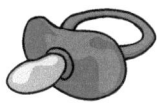

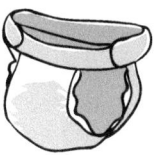

نیپي
pelena

دفتر
kancelarija

سرور
server
د دوسیه الماری
ormar za spise
ورق
papir
پرینټر
štampač
مانیټور
monitor
ماوس
miš
دیسک
pisaći stol
فولډر
mapa
کي بورډ
tastatura
اشغالدانی
košara za papir
کمپیوټر
kompjuter
چوکی
stolica

د کافي پیاله
šalica za kavu

کالکولیټر
kalkulator

انټرنیټ
internet

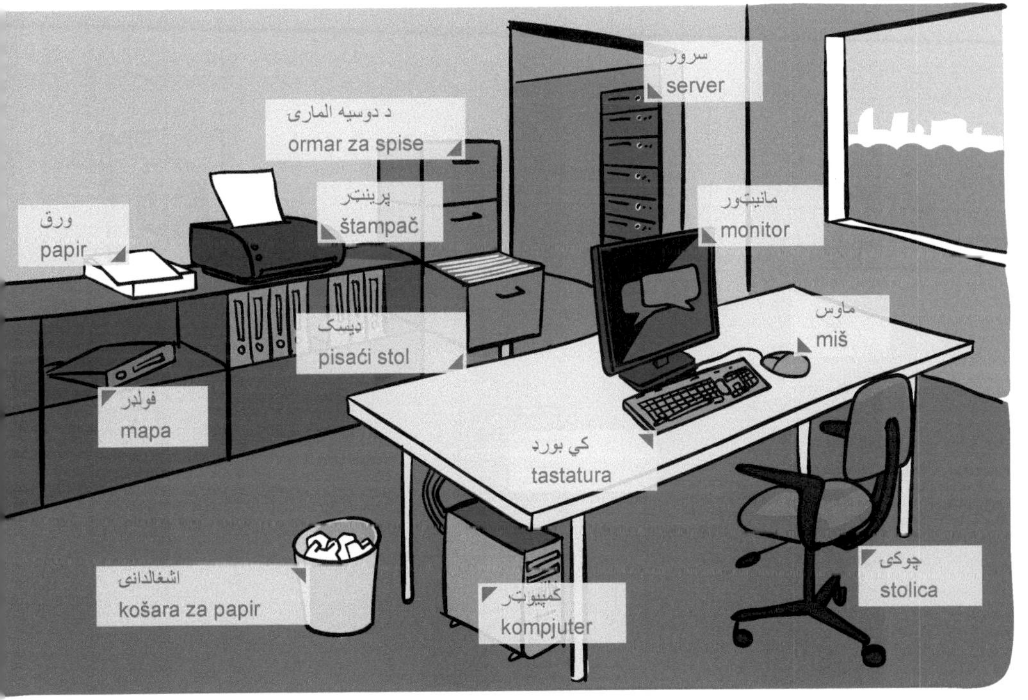

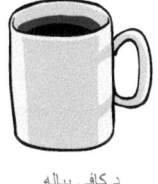

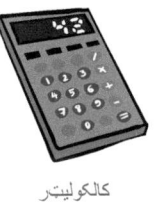

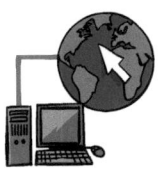

لپ ټاپ
laptop

ليک
pismo

پيغام
poruka

موبايل
mobilni telefon

نيټورک
mreža

فوتوكاپير
uređaj za kopiranje

سافتوير
softver

تليفون
telefon

پلک ساكت
utičnica

فكس مشين
faks

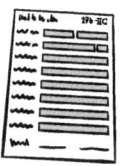

فارم
formular

سند
dokument

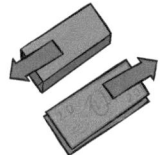

پیرل

kupovati

تادیه کول

platiti

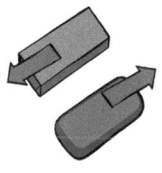

سوداګري کول

trgovati

پیسی

novac

ډالر

dolar

یورو

evro

ین

jen

ربل

rublja

سویسي فرانک

švajcarski franak

رینمینبي یوان

renmindbi juan

روپۍ

rupija

د نغدي پیسو خای

automat za novac

د اسعارو د تبادلي دفتر

menjačnica

سره زر

zlato

سپین زر

srebro

تیل

nafta

انرژي

energija

نرخ

cena

قرارداد

ugovor

مالیه

porez

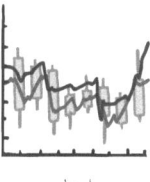

اسهام

deonica

کار کول

raditi

کارمند

službenik

کار ګومارونکی

poslodavac

فابریکه

fabrika

پلورنځی

prodavnica

مسلکونه
zanimanja

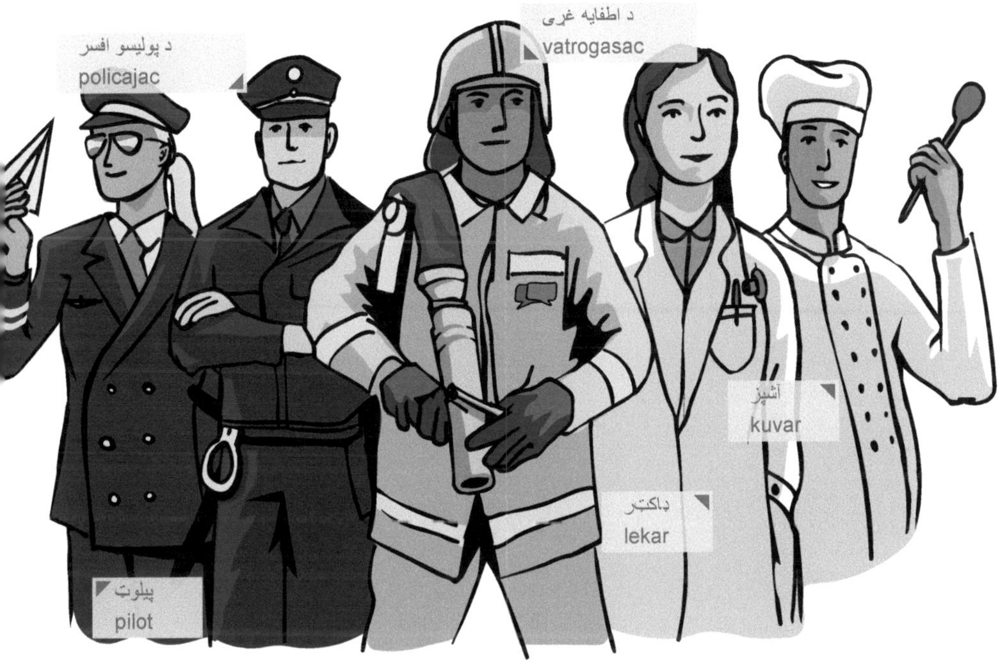

د پولیسو افسر
policajac
د اطفایه غړی
vatrogasac
آشپز
kuvar
ډاکټر
lekar
پیلوټ
pilot

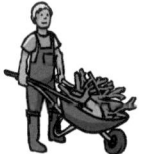

باغوان
vrtlar

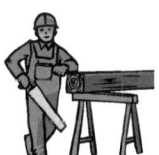

نجار
stolar

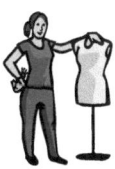

خیاط
krojačica

قاضي
sudija

کیمیا پوه
hemičar

د فلم لوبغاړی
glumac

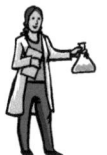

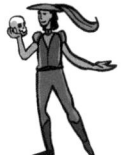

د بس ډرایور

vozač autobusa

د ټیکسي ډرایور

vozač taksija

کب نیونکی

ribar

خدمه

čistačica

بام جوړونکی

krovopokrivač

پیشخدمت

konobar

ښکاري

lovac

نقاش

slikar

نانوا

pekar

د بریښنا کارکونکی

električar

تعمیر جوړونکی

građevinski radnik

انجنیر

inženjer

قصاب

mesar

نلدوان

limar

پوست رسونکی

poštar

سرتېرى

vojnik

مهندس

arhitekta

صراف

blagajnik

ماليار

cvećar

نايى

frizer

کلیندر

kondukter

میکانیک

mehaničar

کپتان

kapetan

د غاښونو ډاکتر

zubar

ساینس پوه

naučnik

بڼاغلى

rabi

امام

imam

مذهبي نفر

monah

پادري

svećenik

لوازم

alati

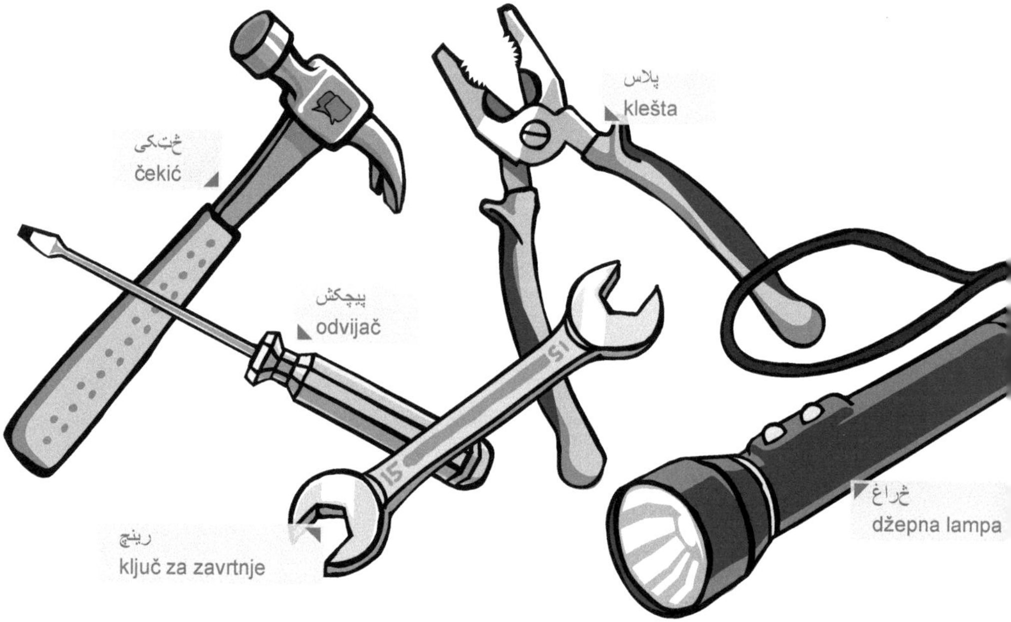

څټکی
čekić
پلاس
klešta
پیچکش
odvijač
رینچ
ključ za zavrtnje
څراغ
džepna lampa

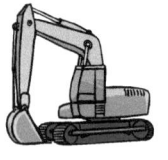

کنستونکی

bager

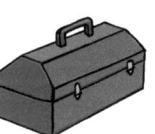

د لوازمو بکس

kutija za alat

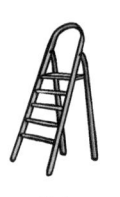

زینه

merdevine

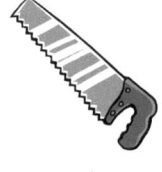

اره

pila

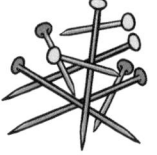

میخونه

ekser

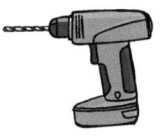

برمه

bušilica

ترمیم کول

popraviti

بیل

lopata

لعنت!

do đavola!

خاک انداز

lopatica

مشوانی

lonac za boju

پیچونه

zavrtanji

د میوزیک آلات

muzički instrument

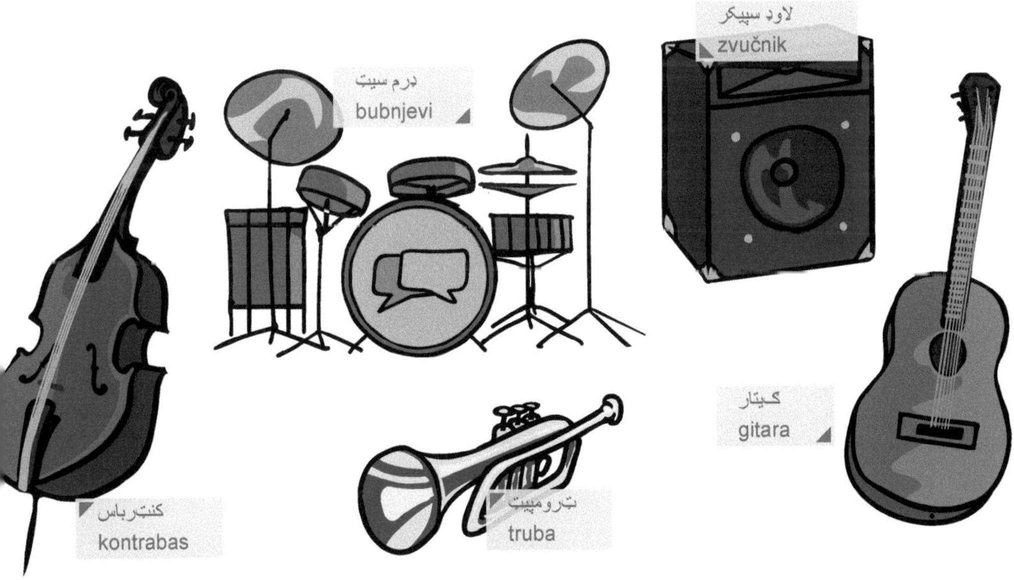

لاود سپیکر
zvučnik

درم سیټ
bubnjevi

کیتار
gitara

کنټرباس
kontrabas

ترومپیټ
truba

پيانو

klavir

واﻳﻠﻦ

violina

باس

bas

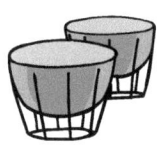

نغاره

timpani

درمونه

udaraljke za bubnjeve

كي بورد

tipke klavira

سيكسافون

saksofon

شپيلی

flauta

مايكروفون

mikrofon

ژوبڼ

zoološki vrt

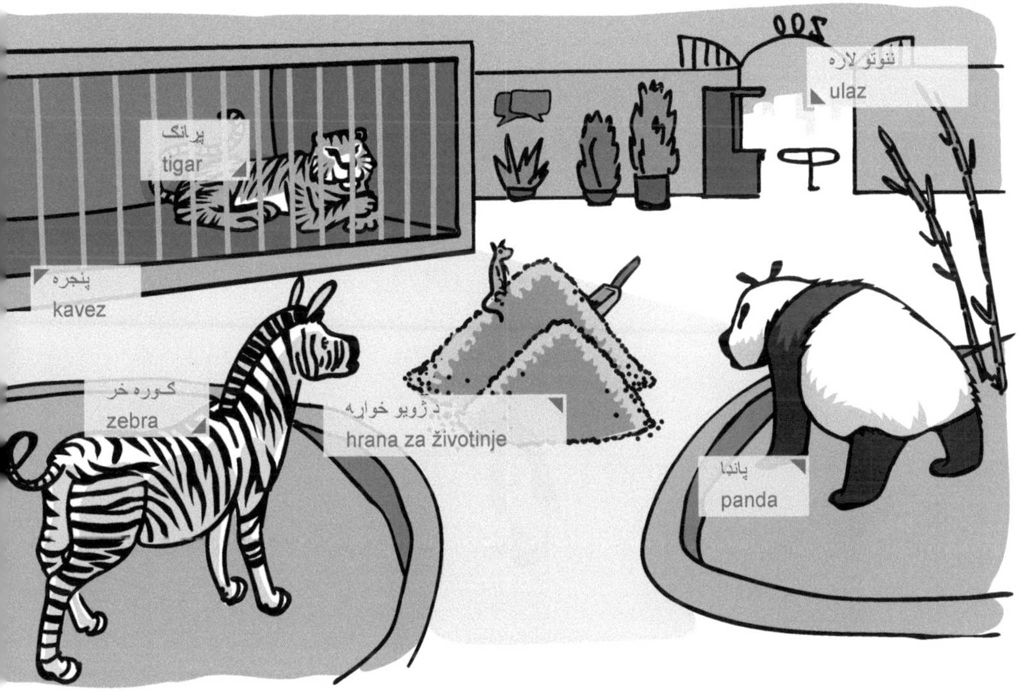

پرانګ
tigar
پنجره
kavez
ننوتو لاره
ulaz
ګوره خر
zebra
د ژویو خواره
hrana za životinje
پانډا
panda

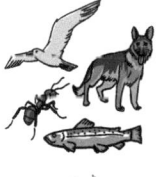

ژوی

životinje

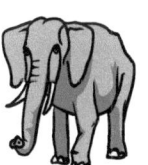

هاتي

slon

کنګرو

kengur

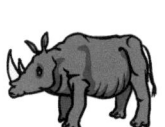

د اوبو اسپ

nosorog

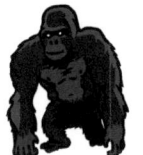

ګوریلا

gorila

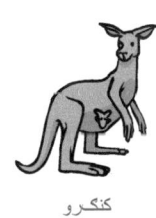

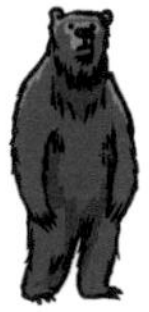

ایږه

medved

اوښ

kamila

شترمرغ

noj

زمرى

lav

بيزو

majmun

غزى

flamingo

طوطي

papagaj

قطبي ايږه

polarni medved

پينگوين

pingvin

شارک

ajkula

طاوس

paun

مار

zmija

تمساح

krokodil

ژوبڼ ساتونکى

čuvar u zoološkom vrtu

سيل

tuljan

جګوار

jaguar

يابو

poni

پرانک

leopard

هيپو

nilski konj

زرافه

žirafa

باز

orao

نرخوگ

divlja svinja

کب

riba

شمشتی

kornjača

سمندري نولى

morž

گيدره

lisica

هوسى

gazela

ورزش
sport

امریکایی فتبال
amerčki nogomet

سایکل ځغلول
biciklizam

تینیس
tenis

باسکیتبال
košarka

لامبو
plivanje

باکسینگ
boks

د کنګل هاکي
hokej na ledu

فتبال
fudbal

کسیزه
badminton

د ځغاستي لوبی
atletika

د هندبال
rukomet

سکي
skijanje

پولو
polo

خندل
smejati se

ټوپ وهل
skočiti

غاړه ورکول
zagrliti

کرځیدل
ići

سندري ویل
pevati

خوب لیدل
sanjali

عبادت کول
moliti se

مچو کول
poljubiti

لیکل
pisati

کښنل
crtati

ښوودل
pokazati

ټیله کول
gurati

ورکول
dati

اخیستل
uzeti

دلولرد

imati

کول

činiti

پاییدل

biti

ودریدل

stojati

منډی وهل

trčati

راکښل

povlačiti

کوزارل

baciti

لویدل

padati

څملاستل

ležati

انتظار کول

čekati

ورل

nositi

کښیناستل

sediti

پوښاک اغوستل

oblačiti

ویده کیدل

spavati

پاڅیدل

probuditi se

کتل

gledati

ژړل

plakati

بريد کول

milovati

ګمنځ کول

češljati

خبري کول

govoriti

پوهیدل

razumeti

غوښتل

pitati

اوریدل

slušati

څښل

piti

خورل

jesti

پاکول

pospremiti

مینه کول

voleti

پخلی کول

kuhati

موټر چلول

voziti

الوتل

leteti

بېری چلول

ploviti

حساب

računati

لوستل

čitati

زده کول

učiti

کار کول

raditi

واده کول

venčati se

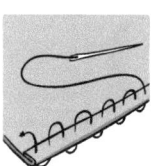

کـندل

šiti

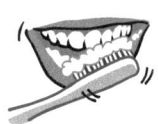

د غاښونو برس کول

prati zube

وژل

ubiti

سکرټ څښل

pušiti

لېږل

poslati

porodica

نیا
baka

نیکه
deda

پلار
otac

مور
majka

ماشوم
beba

لور
kćerka

زوی
sin

میلمه
gost

ترور
tetka

کاکا/ماما
ujak, stric

ورور
brat

خور
sestra

بدن

telo

تندی
čelo
سترګې
oko
اوږه
rame
ګوته
prst
مخ
lice
زنه
brada
لاس
ruka
پښه
noga
سینه
grudi
مټ
ruka

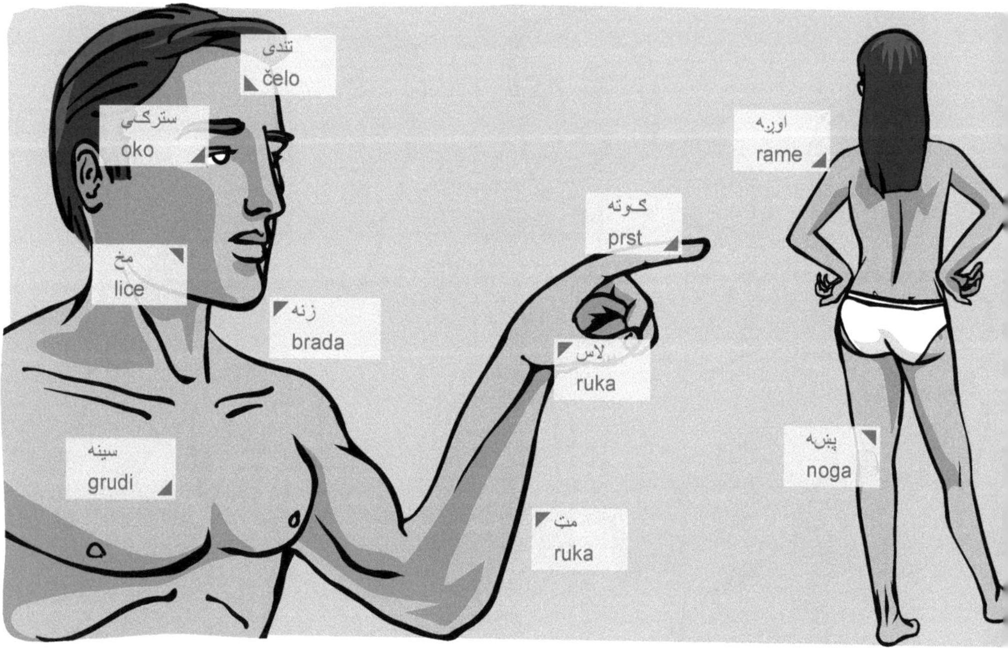

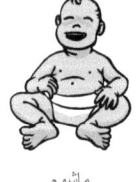

ماشوم

....

beba

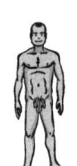

سړی

....

muškarac

ښځه

....

žena

انجلۍ

....

devojčica

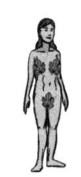

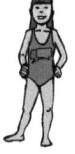

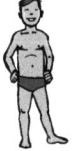

هلک

....

dečak

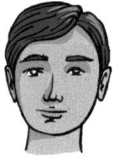

سر

....

glava

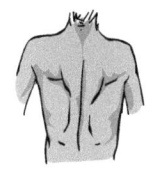

شا

leđa

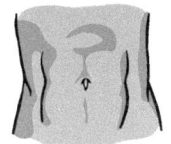

خیټه

stomak

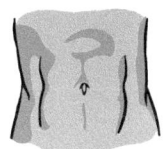

نوم

pupak

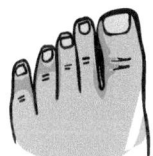

د پښي گوته

nožni prst

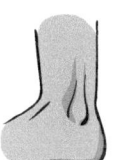

پونده

peta

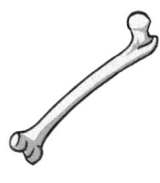

هډوکی

kost

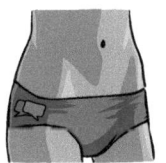

کوناټی

kukovi

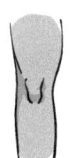

زنگون

koleno

څنگل

lakat

پوزه

nos

لاندي برخه

zadnjica

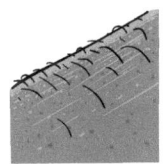

پوټکی

koža

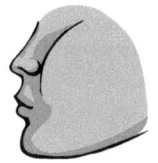

غومبوری

obraz

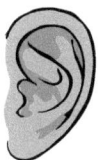

غوږ

uvo

شونډه

usna

خوله
....
usta

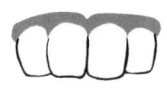

غاښ
....
zub

ژبه
....
jezik

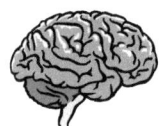

مغز
....
mozak

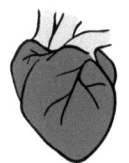

زړه
....
srce

عضله
....
mišić

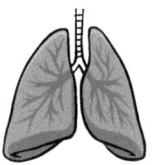

سږی
....
pluća

څیګر
....
jetra

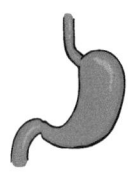

معده
....
želudac

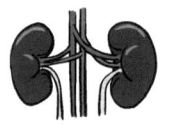

پښتورګي
....
bubrezi

جنسي نږدی والی
....
polni odnos

كاندوم
....
kondom

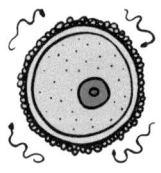

تخمه
....
jajna ćelija

منی
....
sperma

حمل
....
trudnoća

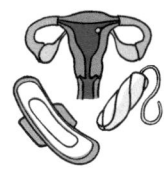

حيض
....
menstruacija

مهبل
....
vagina

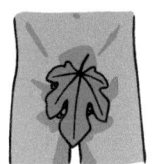

د نارينه تناسلي آله
....
penis

وروځی
....
obrva

ویښته
....
kosa

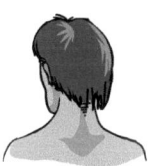

غاړه
....
vrat

روغتون
bolnica

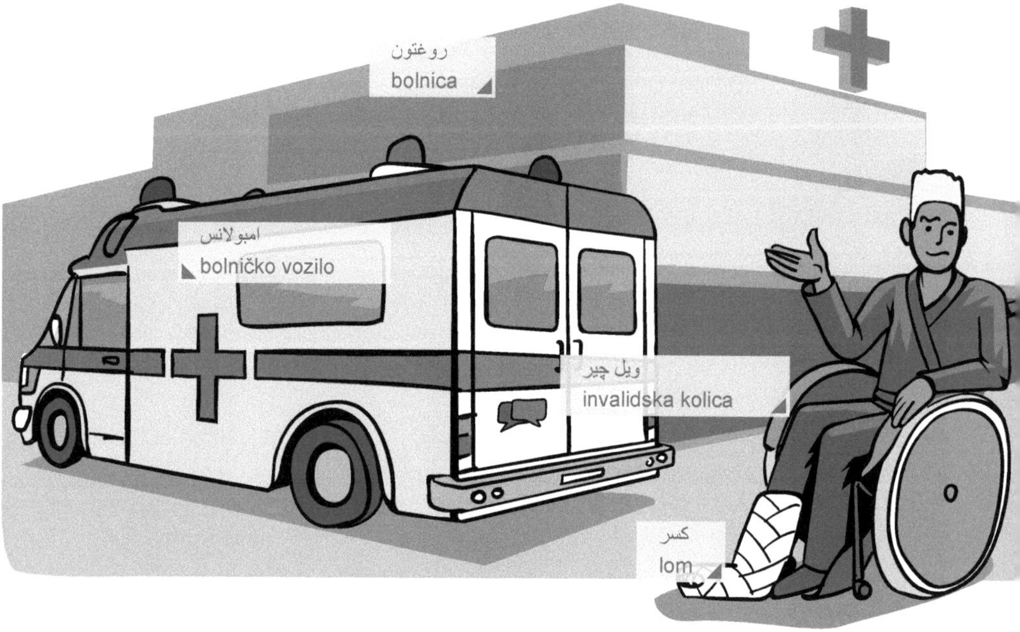

روغتون
bolnica
امبولانس
bolničko vozilo
ویل چیر
invalidska kolica
کسر
lom

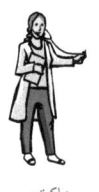

ډاکټر

lekar

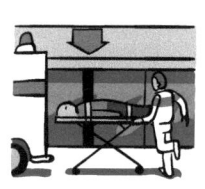

عاجل خونه

hitna medicinska služba

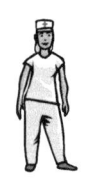

رنځورپال

medicinska sestra

عاجل

hitni slučaj

بی هوش

nesvest

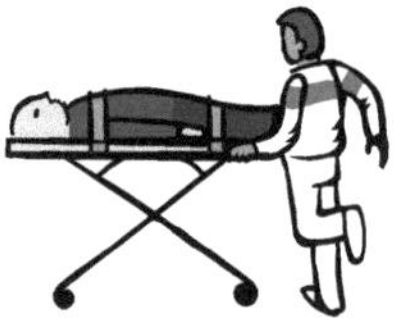

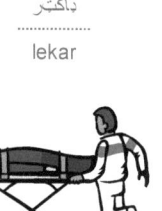

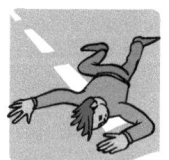

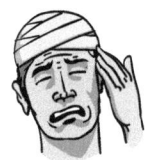

درد

bol

پټ

povreda

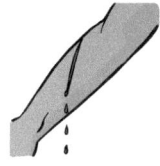

وينه توېدل

krvarenje

د زړه حمله

srčani udar

ضرب

udar

حساسيت

alergija

ټوخی

kašalj

تبه

groznica

انفلوينزا

gripa

نس ناستی

proliv

سر درد

glavobolja

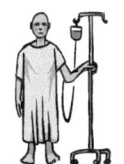

سرطان

rak

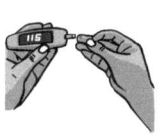

شکر

dijabetes

جراح

hirurg

سکالپل

skalpel

عمليات

operacija

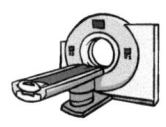

سیرتي

ct

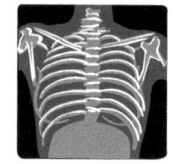

ایکس ری

rentgen

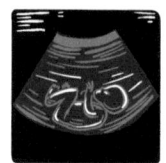

التراساوند

ultrazvuk

د مخ ماسک

maska

ناروغي

bolest

انتظار خونه

čekaona

امساً

štaka

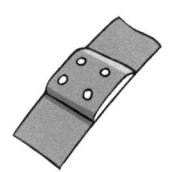

پلستر

flaster

بنداژ

zavoj

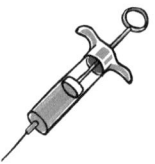

تزریق

injekcija

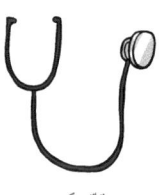

ستاتسکوپ

stetoskop

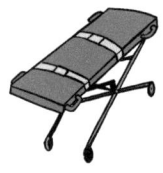

تسکیره

nosila

کلینکي ترمامیتر

termometar

زیږون

rođenje

زیات وزن

prekomerna težina

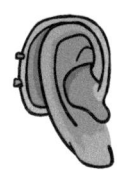

د اوريدو مرسته

slušni aparat

د عفونيت ځخه پاكونكي مواد

sredstvo za dezinfekciju

عفونيت

infekcija

ويروس

virus

ايچ.آي.وي/ايدز

HIV / AIDS

درمل

medicina

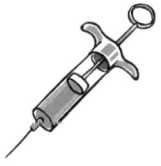

واكسين

vakcinacija

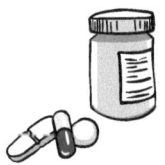

تابليټس

tablete

ګولۍ

pilula

عاجل تلیفون

hitni poziv

د وينې د فشار څارونكى

uređaj za merenje pritiska

ناروغ/روغ

bolesno / zdravo

مرسته!

pomoć!

الارم

alarm

يرغل

nasrtaj

بريد

napad

خطر

opasnost

عاجل لاره

izlaz u slučaju nužde

اور!

požar!

د اور وژونكى

protivpožarni aparat

پېښه

nezgoda

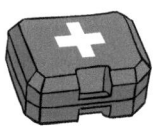

د لومړى مرستي لوازم

kutija prve pomoći

ايس.او.ايس

sos

پوليس

policija

اروپا

Evropa

شمالي امریکا

Severna Amerika

سهیلي امریکا

Južna Amerika

افریقا

Afrika

آسیا

Azija

أستریلیا

Australija

اتلانتیک

Atlantik

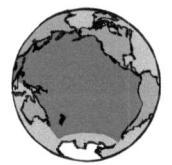

پاسیفیک

Pacifik

د هند بحر

Indijski okean

جنوبي منجمد بحر

Antarktički okean

د شمال قطب بحر

Arktički ocean

شمالي قطب

Severni pol

سهيلي قطب

Južni pol

انتارکتیکا

Antarktik

خُمکه

zemlja

خُمکه

zemlja

بحر

more

تاپو

otok

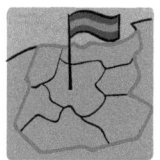

ملت

nacija

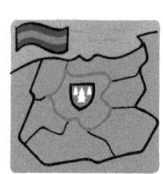

دولت

država

د مخي ساعت

brojčanik sata

د ساعت ستنه

satna kazaljka

د دقیقي ستنه

minutna kazaljka

د ثانیی ستنه

sekundna kazaljka

څه وخت دی؟

Koliko je sati?

ورځ

dan

وخت

vreme

اوس

sada

ديجيتل ساعت

digitalni sat

دقیقه

minuta

ساعت

čas

دوشنبه
ponedeljak

چهارشنبه
sreda

جمعه
petak

سه شنبه
utorak

شنبه
subota

پنجشنبه
četvrtak

یکشنبه
nedelja

پرون
juče

نن
danas

سبا
sutra

سهار
jutro

غرمه
podne

ماښام
veče

کاري ورځی
radni dani

د اونۍ پای
vikend

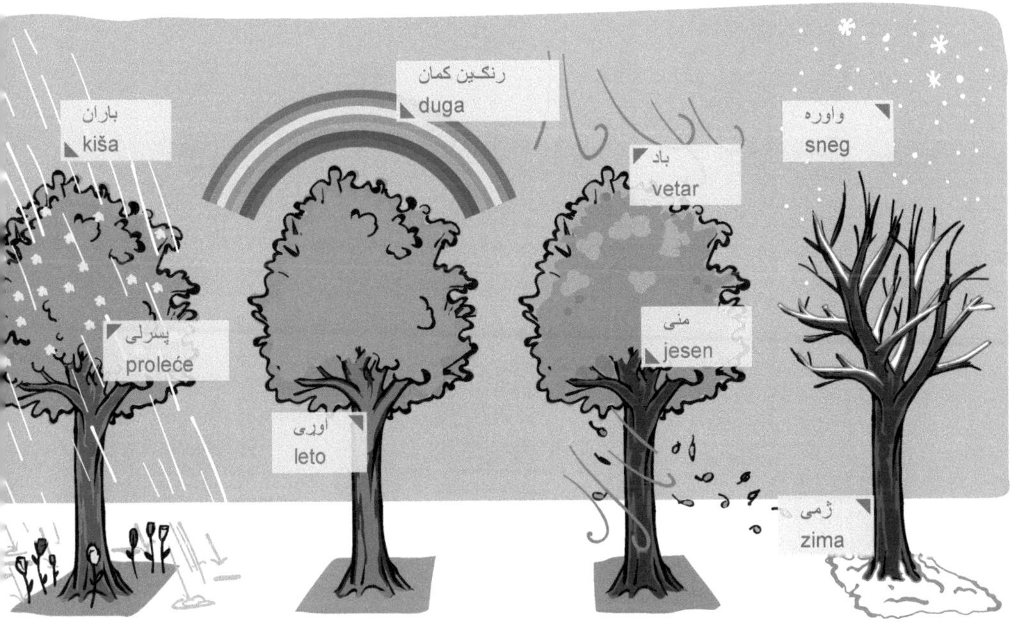

باران
kiša

رنگـین کمان
duga

واوره
sneg

باد
vetar

پسرلی
proleće

منی
jesen

اوړی
leto

ژمی
zima

4.APRIL	11°	☀
5.APRIL	4°	
6.APRIL	13°	
7.APRIL	8°	☀
8.APRIL	10°	☀

د موسم وړاندوینه
meteorološka prognoza

ترمومیتر
termometar

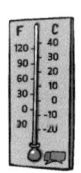

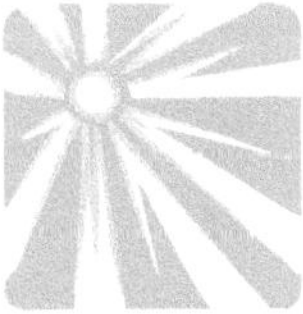

د لمر وړانګـی
sunčana svetlost

وریځ
oblak

لړه
magla

رطوبت
vlažnost vazduha

ارنا

munja

تندر

grmljavina

توفان

oluja

ژلی وریدل

tuča

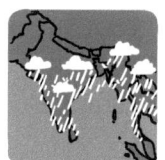

مون سون باران

monsun

سیلاب

poplava

یخ

led

جنوري

januar

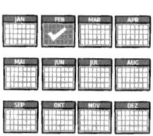

فبروري

februar

مارچ

mart

اپریل

april

می

maj

جون

juni

جولای

juli

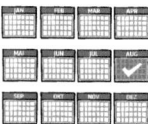

اګست

avgust

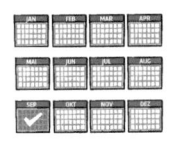

سپتمبر
....
septembar

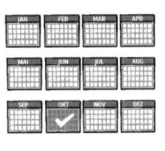

اكتوبر
....
oktobar

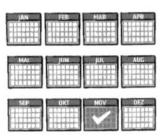

نومبر
....
novembar

دسمبر
....
decembar

شكلونه

oblici

دايره
....
krug

مربع
....
kvadrat

مستطيل
....
pravougao

مثلث
....
trougao

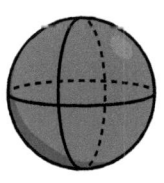

توپ
....
kugla

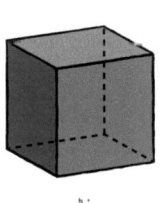

فال
....
kocka

سپین

bela

ژیر

žuta

نارنجي

narandžasta

گلابي

ružičasta

سور

crvena

ارغواني

ljubičasta

نیلي

plava

شین

zelena

نسواري

smeđa

خر

siva

تور

crna

خورا دیر/خورا لږ

mnogo / malo

قار/ارام

ljutito / mirno

ښکلی/بدشکله

lepo / ružno

پیل/پای

početak / kraj

لوی/کوچنی

veliko / maleno

رویښنایی/تیاره

svetlo / tamno

ورور/خور

brat / sestra

پاک/ککر

čisto / prljavo

مکمل/نامکمل

potpuno / nepotpuno

ورځ/شپه

dan / noć

مړ/ژوندی

mrtvo / živo

پراخه/نرۍ

široko / usko

د خوراک وړ/نه خوړل کیدونکی
·········
jestivo / nejestivo

بد/مهربان
·········
zlo / dobro

پاریدلی/بی خونده
·········
uzbuđeno / dosadno

چاق/وچ
·········
debelo / mršavo

لومړی/وروستی
·········
na početku / na kraju

ملګری/دښمن
·········
prijatelj / neprijatelj

ډک/تش
·········
puno / prazno

سخت/نرم
·········
tvrdo / mekano

درون/سپک
·········
teško / lagano

لوږه/تنده
·········
glad / žeđ

ناروغ/اروغ
·········
bolesno / zdravo

غیرقانوني/قانوني
·········
ilegalno / legalno

هوښیار/ساده
·········
pametno / glupo

کین/ښیی
·········
levo / desno

نږدې/لرې
·········
blizu / daleko

نوی/زوړ

novo / polovno

هیڅ/یو څه

ništa / nešto

بد/ځوان

staro / mlado

چالان/بند

uključeno / isključeno

خلاص/تړلی

otvoreno / zatvoreno

غلی/لوړ غږ

tiho / glasno

بډایه/غریب

bogato / siromašno

صحیح/غلط

tačno / pogrešno

زبر/ملایم

hrapavo / glatko

خفه/خوش

tužno / sretno

لنډ/اوږد

kratko / dugo

سست/ګرندی

polako / brzo

لوند/وچ

mokro / suho

ګرم/یخ

toplo / hladno

جګړه/سوله

rat / mir

0

صفر

nula

1

يو

jedan

2

دوه

dva

3

درى

tri

4

څلور

četiri

5

پنځه

pet

6

شپږ

šest

7

اوه

sedam

8

اته

osam

9

نهه

devet

10

لس

deset

11

يولس

jedanaest

12	**13**	**14**
سلود	سلاريد	سلارۇڅ
dvanaest	trinaest	četrnaest

15	**16**	**17**
سلخنڅ	سلارڅش	سلوو
petnaest	šestnaest	sedamnaest

18	**19**	**20**
سلتا	سلون	لش
osamnaest	devetnaest	dvadeset

100	**1.000**	**1.000.000**
لس	رز	نويليم
stotinu	hiljadu	milion

انګلسی

engleski

امريکايی انګلسي

američki engleski

چینایی مندرین

mandarinski kineski

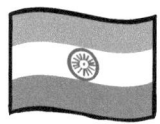

هندي

hindski

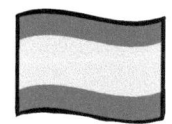

هسپانوي

španski

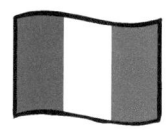

فرانسوي

francuski

عربي

arapski

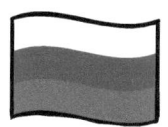

روسي

ruski

پرتګالي

portugalski

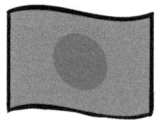

بنګالي

bengalski

آلماني

nemački

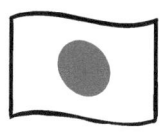

جاپاني

japanski

زه

ja

ته

ti

♂ ♀ ○

هغه/د غه/دا

on / ona / ono

مونږ

mi

تاسی

vi

دوی/هغوی

oni

څوک؟

Ko?

څه؟

Šta?

څنگه؟

Kako?

چیري؟

Gde?

کله؟

Kada?

نوم

ime

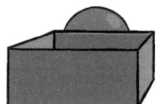

شاته
....
iza

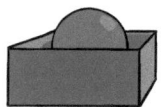

په
....
u

په مخه کې
....
ispred

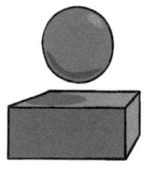

باندي
....
preko

په
....
na

لاندي
....
ispod

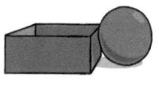

برسيره پر
....
pored

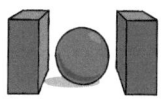

ترميځخ
....
između

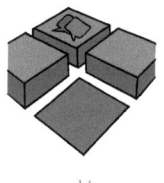

ځای
....
mesto